W0054237

Wenn die Weihnachtsglocken läuten,
wird selbst der Teufel milde ...

Spruchweisheit aus Tirol

Weihnachten

Bräuche & Rezepte

BuchVerlag
für die Frau

Das Bild S. 2 zeigt den Gewürz-Punsch, siehe S. 18

ISBN 978-3-89798-367-0

3. Auflage 2017
© BuchVerlag für die Frau GmbH, Leipzig 2012
Bildnachweis S. 125
Redaktion: Silvia Dorster
Satz und Typografie: Ute Scheffler
Druck: Salzland Druck, Staßfurt
Buchbinderische Verarbeitung:
Müller Buchbinderei GmbH Leipzig
Printed in Germany

www.buchverlag-fuer-die-frau.de

Inhalt

Weihnachten
in aller Welt

Die Weihnachtsgeschichte von der Geburt des Jesuskindes am 25. Dezember und seiner Taufe am 6. Januar, hauptsächlich überliefert durch den Evangelisten Lukas, hat sich im Laufe der Jahrhunderte über die ganze Welt verbreitet. Im späten Mittelalter entstanden speziell auf die Geburt Christus bezogene Traditionen wie Krippen, mitternächtliche Christmessen, Weihnachtsspiele und Lieder.

Der Weihnachtsbaum trat um die Mitte des 17. Jahrhunderts vom Elsass aus seinen Siegeszug in Europa an. Er wandelte sich vom einstigen Symbol der Fruchtbarkeit zum Dekorationsobjekt. Der Brauch des häuslichen Weihnachtsfestes, verbunden mit einem Festmahl und Geschenken für die Kinder, entwickelte sich ab dem 19. Jahrhundert. Heute feiert man in über 140 Ländern der Welt Weihnachten, doch die religiösen Ursprünge des Festes sind oftmals in den Hintergrund gerückt. Jede Kultur verbindet das Fest mit ihren eigenen Traditionen: uralten Riten, Lichtbräuchen, Fruchtbarkeitskulten und nicht zuletzt kulinarischen Spezialitäten. Diese Vielfalt an Bräuchen und Sitten lohnt es zu entdecken, wie unsere kleine Weihnachtsreise in ausgewählte Länder zeigt.

Wenn nicht anders angegeben, gelten die Rezepte für 4 Personen.

Ein Weihnachtsmann für alle?

Der Brauch der Weihnachtsgaben ist uralt und wahrscheinlich zurückzuführen auf die drei Weisen aus dem Morgenland, die das Jesuskind beschenkten. Mittlerweile bringt meist der Weihnachtsmann die Geschenke. Er vereinigt in sich die Eigenschaften des Bischofs Nikolaus von Myra und seines in Europa vorwiegend als strafender Begleiter fungierenden Knechtes Ruprecht.

Nikolaus von Myra wird seit dem 4. Jahrhundert u. a. als Schutzpatron der Kinder verehrt. Sein Namenstag, der 6. Dezember, war früher der eigentliche Bescherungstag, der erst im

Laufe der Reformation in vielen Ländern auf den 24. bzw. 25. Dezember rückte.

Der Weihnachtsmann wird oft als gemütlicher Alter mit weißem Bart und in einer mit Pelz besetzten roten Kutte abgebildet, und das bereits auf Postkarten vor 1900. Allerdings variierte die Farbe der Kutte: blau, grün, sogar gelb. Die Coca-Cola-Company nutzte ab 1931 die Darstellung im roten Mantel für ihre alljährliche Weihnachtswerbung. Ob sie damit zur weltweiten Verbreitung dieses Weihnachtsmannbildes beitrug, ist nicht belegt. Sicher ist, dass jedes Land seinen ganz persönlichen Gabenbringer ersonnen hat, mit individuellem Aussehen, Begleitern und Wohnort.

Deutschland

Am ersten Adventssonntag zünden die meisten Deutschen die erste Kerze am Adventskranz an. Die Wohnungen sind geschmückt mit Kiefern- oder Tannenzweigen, Adventssternen oder den beliebten Holzfiguren aus dem Erzgebirge. Manche Hauswand erklimmt ein überlebensgroßer Weihnachtsmann und einige Fenster werden von bunten Schwibbögen erhellt. Bereits am letzten Novemberwochenende haben die Weihnachts- und Christkindlmärkte die Tore geöffnet. Wohl jedes Kind besitzt zumindest einen mit Schokolade gefüllten Adventskalender und wartet sehnsüchtig auf den Nikolaus, der in der Nacht zum 6. Dezember die blank geputzten Schuhe mit Süßigkeiten füllt.

Die Suche nach dem perfekten Weihnachtsbaum beginnt schon einige Tage vor dem Heiligen Abend. Der Baum wird meist auf dem Balkon frisch gehalten, bis er am Heiligen Abend im Wohnzimmer aufgestellt, mit Kugeln, Figuren, elektrischen oder echten Kerzen, Lametta und Süßigkeiten geschmückt wird.

Endlich ist der Weihnachtstag da, an dem viele noch bis zum Mittag arbeiten. Deshalb wurden die kulinarischen Festfreuden längst vorbereitet oder gekauft. Dazu gehören Weihnachtsstollen, Plätzchen und Pfefferkuchen wie auch die Zutaten für das regional bestimmte Weihnachtsessen. Die

Auswahl reicht von Kartoffelsalat mit Würstchen bis zum Gänsebraten, gefolgt von Enten- und Hasenbraten, Raclette oder Karpfen. Wenn die genannten Speisen nicht am Abend des 24.12. serviert werden, dann auf jeden Fall an einem der beiden Feiertage.

Jede Familie hält es mit der zeitlichen Abfolge etwas anders. Bei den meisten ist es so, dass der Weihnachtsmann am Heiligen Abend die Geschenke bringt, bei dem einen vor, beim anderen nach dem Essen oder Besuch der Kirche. Denn zu Weihnachten zieht es auch manchen „Ungläubigen" zur Christmesse.

Geschmorte Gänsekeulen

100 g Räucherspeck
4 Gänsekeulen à 500 g
Salz | schwarzer Pfeffer | Beifuß
2 Äpfel | 1/8 l Rotwein | 1 Orange
1 EL Sauerkirschkonfitüre
100 g saure Sahne
1 Msp. Zucker
100 g Saucenlebkuchen | 1/2 l Milch
1 Btl. HENGLEIN Kloßteig
„Seidenknödel";
Apfelrotkohl als Beilage

Fettpfanne des Backofens mit Speck-
scheiben belegen. Gänsekeulen mit
Salz, Pfeffer und Beifuß einreiben und
auf den Speck legen. Apfelscheiben um
die Keulen legen. Im Backofen bei star-
ker Hitze etwa 1 Stunde braten. Ab und

zu mit etwas Bratensatz übergießen. In der Zwischenzeit Kartoffelklöße formen und nach Packungsanweisung kochen.

Gänsekeulen aus dem Bratfond nehmen. Bratensatz mit etwas Wasser loskochen. Rotwein zugeben. Abgeriebene Orangenschale in die Sauce rühren, aufkochen, Konfitüre und Sahne einrühren. Klein geschnittenen Lebkuchen und Milch mit dem Pürierstab zu einer cremigen Sauce mixen, unterrühren, mit Zucker, Salz und Pfeffer abschmecken.

Gänsekeulen mit Sauce übergießen und zu Kartoffelklößen und Apfelrotkohl servieren.

Gewürz-Punsch

(Rezept zum Foto, S. 2)

1 Stück Ingwer (ca. 3 cm)
1 TL Kardamomkapseln
1 TL Nelken | 2 kleine Zimtstangen
1 EL Sternanis
1 Teebeutel Meßmer Darjeeling
4 TL brauner Kandis

Ingwer schälen, in kleine Stücke schneiden, mit Gewürzen in 900 ml Wasser aufkochen und ca. 5 Minuten köcheln lassen. Gewürzsud passieren, den Sud auffangen, erneut aufkochen, den Tee damit aufgießen und 3 Minuten ziehen lassen. Teebeutel entfernen.
Kandis auf 4 Gläser verteilen, mit Punsch übergießen. Dekorieren.

England

Die Briten schmücken in der Vorweihnachtszeit ihre Wohnung mit bunten Girlanden. Die reichlich ins Haus flatternden Weihnachtskarten von Freunden und Familie sammelt man auf dem Kaminsims oder zwickt sie an eine Schnur.

Traditionelle Weihnachtssymbole sind Stechpalmen und Mistelzweige, die man an Deckenlampen oder Türrahmen befestigt. Mistelzweige gelten seit alter Zeit als Friedenssymbol. Die Legende erzählt, dass zwei Feinde, die unter einem Mistelzweig zusammentrafen, den Waffenstillstand erklären konnten. Besonders beliebt ist der Kuss-Brauch: Steht eine Frau unter dem Mistelzweig, darf sie einen Kuss nicht ablehnen. Zerstrittene (Ehe)Paare können sich unter dem Mistelzweig wieder versöhnen.

Santa Claus oder Father Christmas erscheint erst in der Nacht des Heiligen Abend (Christmas Eve) auf seinem von Rentieren gezogenen Schlitten. Er rutscht durch den Schornstein ins Wohnzimmer, legt die Gaben dort ab oder steckt sie in den Strumpf, den jedes Kind am Heiligen Abend am Bettpfosten aufgehängt hat.

Logisch, dass die Kinder dann am Christmas Day, dem ersten Feiertag in Großbritannien, schon sehr früh wach sind, um nach ihren Geschenken zu schauen ...

Am frühen Nachmittag setzt sich die Familie zum traditionellen Christmas Dinner zusammen. Kulinarischer Höhepunkt ist der mit Kastanien gefüllte Truthahn oder die Weihnachtsgans, dazu Rosenkohl, Röstkartoffeln, in Speck eingewickelte Würstchen und Cranberry-Sauce. Abgerundet wird das Festessen von einem flambierten Plumpudding, der bereits am Sonntag vor dem ersten Advent, zubereitet wird, damit er bis Weihnachten seinen vollen Geschmack entfaltet.

Übrigens ist in Großbritannien die Feiertagsregelung äußerst großzügig: Fällt ein Weihnachtsfeiertag auf ein Wochenende, hat man am darauf folgenden Werktag frei.

Plumpudding
(für 6-8 Personen)

180 g Rindsnierenfett (enthäutet,
fein gehackt) vom Metzger
280 g Semmelbrösel | 140 g Mehl
220 g Rosinen | 280 g Sultaninen
140 g geschälte, gehackte Äpfel
4 Eier | 140 g fein gehacktes Zitronat
30 g gehackte Mandeln
abgeriebene Schale und Saft
von 1 Zitrone
1/2 TL Muskatnuss,
90 g Zucker | 1/4 TL Salz
1 Glas Rum | 1/2 Glas Weinbrand
1 Glas Porterbier

Saubere Rosinen und Sultaninen in
Rum und Weinbrand quellen lassen.
Mehl in eine große Schüssel geben.

Semmelbrösel, Fett, Salz, Zucker, Zitronenschale, Muskat, Zitronat, Äpfel, Mandeln und die Rosinen samt Alkohol zufügen und alles zu einem Teig verkneten.

Eier mit dem Schneebesen verrühren, Bier und Zitronensaft zufügen und weiterschlagen. Unter den Teig heben und so lange rühren, bis alles gut vermischt ist. Teig in eine oder mehrere gefettete Formen füllen, dabei einen 3 cm breiten Rand lassen. Form mit Pergamentpapier verschließen und in ein sauberes Tuch binden.

In einen Topf mit Wasser setzen, beschweren und zugedeckt bei gleichbleibender Hitze und gleichem Wasserstand kochen. Wenn das Wasser verdampft, heißes Wasser nachfüllen.

Nach 6 Stunden aus dem Wasser nehmen, auf Zimmertemperatur abkühlen, Tuch und Papier entfernen und gut in Alufolie einwickeln.

Im kühlen, trockenen Keller mindestens 3 Wochen ruhen lassen. Vor dem Verzehr die Form nochmals zugedeckt 3 Stunden im Wasserbad kochen. Vor dem Stürzen 10 Minuten abdampfen lassen, damit der Pudding nicht zusammenfällt.

Pudding aus der Form nehmen und mit 12 Stück Kandiszucker à 10 g belegen. Ca. 4 cl Cognac leicht erwärmen, über den Zucker und Pudding gießen, anzünden und brennend servieren.

Finnland

Die Adventszeit heißt bei den Finnen oft „kleine Weihnachtszeit", in der ausgiebig gefeiert wird. Auf diesen vorweihnachtlichen Partys beschenkt man sich mit kleinen Gaben und sitzt vergnügt beim „Glögi" zusammen.

Auch in Finnland ist Weihnachten ein Fest der Familie, zu dem die erwachsenen Kinder und Geschwister oft von weit her anreisen, um gemeinsam mit Eltern, Großeltern und alleinstehenden Freunden zu feiern. Beliebter Weihnachtsschmuck ist ein echter Tannenbaum, der gern mit selbst gebastelten Girlanden oder Ketten mit kleinen Finnlandfähnchen, Äpfeln und Bonbons geschmückt wird.

Der Heilige Abend beginnt um 12 Uhr finnischer Zeit. Die Geschäfte und auch die meisten Restaurants schließen, der öffentliche Verkehr stellt den Betrieb ein. Vom Balkon des Doms im südfinnischen Turku wird der sogenannte Weihnachtsfrieden verlesen. Es ist eine symbolische, für die Finnen höchst bedeutsame Zeremonie. Im Anschluss an den Saunagang am frühen Weihnachtsabend bringt Joulupukki, der finnische Weihnachtsmann (meist der verkleidete Familienvater, ein Freund oder Nachbar), die Geschenke. Er soll samt seiner Frau, Rentieren und Wichteln, den Tonttu, im Berg Korvatunturi in der lappländischen Gemeinde Savukoski leben.

Santa Claus Office in Rovaniemi

Seit 1998 besitzt der Weihnachtsmann am Polarkreis in Rovaniemi ein ganzes Weihnachtsdorf, in dem sich auch das offizielle Weihnachtspostamt befindet.

Nach der Bescherung beginnt das große Festmahl. Vorspeisen sind Hering in Senf, Knoblauch- oder Tomatensoße, Heringssalat oder Stockfisch. Hauptspeise ist der Weihnachtsschinken. Daneben werden manchmal auch Lamm oder Pute angeboten. Dazu gibt es Möhren-, Kartoffel- oder Steckrübenauflauf. Die Kinder trinken heiße Säfte, die Erwachsenen Glögi, Bier und Wein. Später serviert man Kaffee, Pulla (Hefegebäck mit Kardamom) und Kekse.

Finnischer Glögi

2 l Rotwein
200 ml Johannisbeersaft
10 Nelken | 2 Zimtstangen
200 g Zucker | 1/2 Zitrone
100 g geschälte Mandeln
100 g Rosinen

Rotwein, Saft, Gewürze, Zucker und Zitronenscheiben in einem großen Topf erhitzen, aber nicht aufkochen. Am besten am Vorabend ansetzen, damit der Glögi schön durchzieht.
Vor dem Trinken den Glögi erwärmen, durch ein Sieb in Tassen oder Gläser füllen. Mandeln und Rosinen dazugeben. Viele Finnen verfeinern den Glögi noch mit Wodka oder gestoßenem Kardamom.

Weihnachtsschinken

1 gepökelter Schweineschinken (5 kg)
Nelken | Salz | Panade (2 EL Senf
mit 1 Ei, 1 EL braunem Zucker und
2 EL Semmelmehl gemischt)

Schwarte kreuzweise einschneiden, mit Nelken spicken. Bratthermometer in die dickste Stelle des Schinkens stecken. Mit der Schwarte nach oben in die Fettpfanne legen. Auf der unteren Schiene bei 125 °C ca. 3-5 Stunden garen, bis das Thermometer 68 °C zeigt. Herausnehmen, Thermometer entfernen. Schwarte abschneiden.

Fleisch salzen, gleichmäßig mit der Panade bestreichen. Braten auf der mittleren Schiene bei 225 °C ca. 10 Minuten goldbraun überbacken.

Steckrübenauflauf

1 große, geschälte Steckrübe
200 ml Sahne
100 g Semmelbrösel | 50 ml Sirup
1 Ei | Ingwerpulver | Pfeffer
Muskat | Salz
Semmelbrösel | Butter

Steckrübenwürfel in wenig Salzwasser kochen. Kochwasser aufheben. Rübenstücke pürieren. In das Mus die in Sahne aufgequollenen Semmelbrösel, Sirup, Ei und Gewürze sowie so viel Kochsud geben, dass eine lockere Masse entsteht. In eine gefettete Form geben, mit Semmelbrösel bestreuen, Butterflöckchen aufsetzen und ca. 1-2 Stunden bei 180 °C backen.

Frankreich

Im Land des Genusses und der Sinnesfreuden steht zu Weihnachten ein ausgiebiges Festessen an erster Stelle. Da der 24. Dezember in Frankreich ein regulärer Arbeitstag ist, trifft sich die Familie meist erst sehr spät am Abend zum Weihnachtsessen, das sich bis weit in die Nacht hinziehen kann. Das traditionelle Festtagsgericht ist Pute oder Truthahn mit Maronen. Mindestens ebenso beliebt ist „Reveillon" – ein mehrgängiges Menü aus Austern, Pasteten, Truthahn und gezuckerten Maronen, dazu Champagner.

Ein alter Weihnachtsbrauch wird heute noch in ländlichen Gegenden gepflegt. Man verstreut die Asche eines in der Weihnachtsnacht verbrannten Holzklotzes nach den Feiertagen auf den Feldern. Das soll im kommenden Jahr Glück und eine reiche Ernte bringen. In Anlehnung an diesen Brauch verzehren die Franzosen einen baumähnlichen Kuchen: Bûche de Noël genannt.

Nach dem ausgedehnten Weihnachtsmenü besuchen viele Franzosen die Mitternachtsmesse. Während dieser Zeit der inneren Einkehr kommt der französische Weihnachtsmann „Père Noël" durch den Kamin und legt seine Gaben in die bereitgestellten Schuhe. In früheren Zeiten wurden die französischen Kinder schon am 6. Dezember von Saint Nicolas beschenkt.

Weihnachtsstimmung am Eiffelturm, Paris

Hähnchenleberpastete

(für 4-6 Personen)

1200 g Hähnchenleber
40 ml Madeira oder Cognac
200 g Schweinefleisch (Hals)
1 Schalotte | 1 TL Thymian
1 TL Zucker | Salz | Pfeffer | 1 Ei
200 g fetter Speck, in dünne Streifen
geschnitten | 1 Lorbeerblatt

Die Leber ca. 3 Stunden in Alkohol marinieren, 2- bis 3-mal wenden. Das Fleisch, die Schalotte und die Leber fein hacken. Thymian, Zucker, Salz, Pfeffer, Ei und 20 ml von der Marinade dazugeben und gut vermischen. Den Speck kurz blanchieren und damit die Pastetenform auslegen, etwas überlappen lassen. Die Masse einfüllen, das Lorbeerblatt darauf legen und mit dem Speck schließen. Backofen auf 180 °C vorheizen und die Pastete ca. 60 Minuten im Wasserbad garen.

Mit einem dünnen Holzspieß in die Pastete stechen. Wenn der Spieß warm herauskommt, ist die Pastete fertig.

TIPP: Leberpasteten schmecken noch besser, wenn sie 3-4 Tage ruhen.

Bûche de Noël

6 Eier | 4 EL Wasser
100 g Zucker | 150 g Mehl
150 g Schokolade
(mindestens 70 % Kakaogehalt)
100 g Puderzucker | 2 EL Cognac
4 Eigelb | 250 g weiche Butter
1 EL gehackte Pistazien | Salz

Eier trennen. Eigelb mit Wasser schaumig schlagen. Nach und nach 75 g Zucker in die Eigelbmasse rieseln lassen. Weiter schlagen, bis ein hellgelber Schaum entsteht. Eiweiß unter Zugabe des übrigen Zuckers zu festem Schnee schlagen und auf die Eigelbcreme häufen. Mehl darüber sieben, alles behutsam untereinander heben.

Ein Backblech mit gebuttertem Backpapier belegen. Biskuitteig auf das Papier streichen und bei 200 °C auf der mittleren Schiebeleiste ca. 15 Minuten backen.

Den gebackenen Biskuitteig auf ein mit Zucker bestreutes Küchentuch stürzen. Backpapier abziehen.

Schokolade im Wasserbad zerlassen, etwas abgekühlt schaumig schlagen.

Puderzucker und Cognac in die Schokomasse rühren. Eigelb, die weiche Butter und 1 Prise Salz zufügen.

Biskuit mit der Hälfte der Schokoladencreme bestreichen. Dann den Biskuitteig zusammenrollen und wie die restliche Schokoladencreme mindestens 2 Stunden in den Kühlschrank stellen.

Dann herausnehmen und die Rolle rundum mit der restlichen Creme bestreichen. Mit einer Gabel die Schokoladenschicht so einritzen, dass es wie Baumrinde aussieht. Mit kandierten Früchten oder gehackten Pistazien verzieren. Bûche de Noël am besten kalt servieren.

Italien

„Feiere Weihnachten bei der Familie, Ostern mit wem du möchtest", ist in Italien ein viel zitierter Spruch, der beweist, dass auch hier Weihnachten das große Familienfest des Jahres ist. Eine beliebte Tradition ist seit dem 14. Jahrhundert die Weihnachtskrippe. Kinder und Väter bestücken in der Adventszeit die Krippe, bis am 24. Dezember um Mitternacht das Christuskind dazugelegt wird. Die Weihnachtskrippe findet immer öfter ihren Platz unter dem Weihnachtsbaum, der sich hier erst nach dem Zweiten Weltkrieg eingebürgert hat. Allerdings bevorzugen die meisten Italiener künstliche Bäume. Doch selbst wenn echte Bäume aufgestellt werden, echte Weihnachtskerzen sind so gut wie unbekannt, wie auch unser „Heiliger Abend" für die Italiener kein Begriff ist. In Italien ist der 24. Dezember eher der Weihnachtsvorabend. Man trifft sich zum traditionell fleischlosen Abendessen. Erst mit der Mitternachtsmesse beginnt das eigentliche, das religiöse Weihnachtsfest. Die vom Papst im Petersdom zelebrierte Mitternachtsmesse wird von allen Fernseh- und Rundfunkanstalten übertragen. Die „Bescherung" findet danach statt, also am 25.12., dem italienischen Weihnachtstag.

Vor nicht allzu langer Zeit gab es in Italien die Geschenke erst am Dreikönigstag, dem 6. Januar. Jedoch nicht

von den Heiligen Drei Königen, sondern von der Hexe Befana, einer Figur des italienischen Volksglaubens. Durch diese gutmütige Hexe, deren Tag nach wie vor gefeiert wird, kommen die italienischen Kinder in den Genuss eines zweiten Geschenktages.

Der 25. Dezember ist der Tag des großen Festessens in Familie. Italiens Küche besteht aus einer Vielzahl von Regionalküchen mit jeweils eigenen Spezialitäten. Daher gibt es auch kein typisches italienisches Weihnachtsessen. Eins jedoch verbindet die Italiener zu Weihnachten: der Panettone. Diese Spezialität stammt ursprünglich aus Mailand und hat es als typischer Weihnachtskuchen sogar ins schweizerische Tessin geschafft!

Panettone

(Abb. S. 45)

600 g Mehl | 150 g Zucker
200 ml Milch | 40 g Hefe
200 g Butter | 3 Eier | 2 Eigelb
1 TL Salz | 1 Prise Muskat
1 TL abgeriebene Zitronenschale
100 g Zitronat | 100 g Orangeat
50 g gewürfelte Belegkirschen
150 g Rosinen

In einer Schüssel Mehl mit Zucker mischen, in die Mitte eine Mulde drücken. Die Milch erwärmen, 5 EL davon abnehmen und darin die zerbröckelte Hefe auflösen. Diese Mischung in die Mulde geben und das Ganze zugedeckt an einem warmen Ort ca. 15 Minuten gehen lassen.

In der Zwischenzeit die Butter in der lauwarmen Milch zerlassen. Eier, Eigelb und die Gewürze unterrühren und dann zur Mehlmischung geben. Den Teig gut durchkneten und zugedeckt an einem warmen Ort auf die doppelte Größe gehen lassen. Dann Zitronat, Orangeat, Belegkirschen und Rosinen zufügen und alles gut vermengen. Die Panettoneform (2,5 l Inhalt) gut fetten, den Teig hinein füllen. Dann nochmals 25 Minuten gehen lassen. Die Teigoberfläche mit einem Messer kreuzweise einschneiden. Panettone nun im vorgeheizten Backofen bei 175 °C 70 Minuten backen.

Mexiko

Ursprünglich feierten die Indios im Dezember Feste zu Ehren des Sonnen- und Kriegsgottes Huitzilopochtli. Im Zuge der Christianisierung kamen die „Posadas" in Mode.

Die vom 16. bis 24. Dezember dauernden, bunten Festumzüge stellen die Herbergssuche von Maria und Josef nach. Die Kinder lieben den damit verbundenen Trubel und vor allem die Pinata(s). Diese heutzutage aus Pappmaché hergestellten, schön dekorierten, mit Früchten und Süßigkeiten gefüllten Figuren werden in der Kirche aufgehängt.

Der Höhepunkt des 24. Dezember ist die Mitternachtsmesse mit Freudenfeuern, Feuerwerk, dem Blumentanz und dem Öffnen der Pinatas: Mit verbundenen Augen versuchen Kinder (und Erwachsene) nach der Messe sie mit einem Stock zu zerschlagen. Wer es schafft, darf die herausfallenden Leckereien vernaschen.

Den Heiligen Abend mit Tannenbaum und Weihnachtsmann kennen hier nur wohlhabende Familien. Aber ein weihnachtlicher Schmuck, der viele Fensterbänke ziert, ist der Weihnachtsstern. In Mexiko kursiert dazu eine Legende: Ein armer Junge wollte in der Weihnachtszeit in der Kirche die Krippe anschauen. Weil er kein Geschenk für das Jesuskind hatte, pflückte er am Wegesrand einige grüne Zweige, die er an die Krippe legte. Und plötzlich

trieb jeder Zweig eine wunderschöne, sternförmige rote Blüte.

Auch an Festtagen isst man die landestypischen Tortillas, Bohnen, Reis und Fleischgerichte. Ausnahme sind „Romeritos": Dieses rosmarinartige Grüngemüse, in Europa nicht erhältlich, wird von vielen Mexikanern zu Weihnachten oder Neujahr gegessen, z. B. als Beilage zu gefüllten Pasteten. Der eigentliche Tag, an dem die Kinder Geschenke bekommen, ist der Tag der Heiligen Drei Könige am 6. Januar. Traditionell wird an diesem Tag beim Abendessen oder zur Merienda (einer Art Teestunde) „Roscon de Reyes" (Dreikönigskuchen) serviert, ein süßer Hefekranz.

Dreikönigskuchen

450 g Mehl | 150 g + 1-2 EL Zucker
6 EL Milch | 1 Würfel Hefe
100 g weiche Butter
4-5 Eier (Größe M)
1 Pck. Vanillezucker
2 TL gemahlener Zimt
1/2 TL gemahlene Anissamen
1 Prise Salz | 100 g Rosinen

zum Verzieren:

ca. 250 g Trockenobst und kandierte
Früchte (u. a. Feigen, Aprikosen,
Ananas), klein geschnitten
1 Eigelb | 1 Porzellanpüppchen

In einer Schüssel Mehl mit Zucker mischen, in die Mitte eine Mulde drücken. Die Milch erwärmen, 5 EL davon abnehmen und darin die zerbröckelte Hefe auflösen. Diese Mischung in die Mulde geben und das Ganze zugedeckt an einem warmen Ort ca. 15 Minuten gehen lassen. Dann mit 125 g Zucker, Butter, Eiern, Vanillezucker und Gewürzen verkneten. Zuletzt Rosinen unterkneten. Teig zu einer Kugel formen, in der zugedeckten Schüssel an einem warmen Ort in ca. 1 1/2 Stunden auf das doppelte Volumen gehen lassen.

Teig nochmals durchkneten, eine ca. 70 cm lange Rolle und daraus einen Kranz oder Ring formen (ca. 26 cm Ø). Auf ein mit Backpapier ausgelegtes Backblech (ca. 34 x 40 cm) heben. Porzellanpüppchen in den Teig drücken und den Kranz zugedeckt nochmals

30 bis 45 Minuten gehen lassen. Eigelb und 1 EL Milch verrühren, den Kranz damit bestreichen, mit den Früchten verzieren und mit Zucker bestreuen. Im vorgeheizten Backofen (E-Herd 200 °C/ Umluft 175 °C) ca. 10 Minuten backen, Temperatur herunterschalten (E-Herd 175 °C/ Umluft 150 °C) und mit Alufolie bedeckt weitere 15 bis 20 Minuten backen.

Traditionell wird im Dreikönigskuchen ein kleines Püppchen oder auch eine Bohne (als Symbol für das Jesuskind) versteckt. Wer es findet, muss zu Lichtmess (2. Februar) das nächste Fest ausrichten.

Norwegen

Vor allem in den ländlichen Gegenden Norwegens beginnen die Weihnachtsvorbereitungen schon Wochen vorher. Weihnachtsbier (Juleøl) wird gebraut und nach alter Tradition sieben Sorten Plätzchen gebacken.

Um 1900 hat sich der Tannenbaum eingebürgert. Er wird am 23. Dezember oder am Morgen des Heiligen Abends geschmückt. Unter dem Baum liegen auch die Geschenke, die der „Julenissen" gemeinsam mit seinen Helfern gebracht hat.

„Julenissen" heißt der norwegische Weihnachtsmann, der mit gestrickten Socken, einem Norwegerpullover, dickem Pelzmantel, roter Zipfelmütze und weißem Bart unserem sehr ähnlich sieht. Er gilt als Beschützer von Haus und Hof und bekommt am Weihnachtstag eine Schüssel mit Haferbrei auf die Fensterbank gestellt. Auch die Tiere erhalten zu Weihnachten eine Extra-Ration Futter.

Glockengeläut verkündet in ganz Norwegen am späten Nachmittag den Heiligen Abend. Viele Norweger gehen nun zum Weihnachtsgottesdienst, und anschließend trifft sich die Familie zum großen Weihnachtsessen, das regional geprägt ist. An der Küste werden Dorsch, Heilbutt oder Laugenfisch aufgetischt, in Ostnorwegen gibt es feine gegrillte Schweinerippchen,

Weihnachtsmann-Dekoration auf dem Dach eines Einkaufszentrums, Oslo

Fleischklößchen und Schweinekochwurst, in Westnorwegen stehen gepökelte Lammrippchen oder ein riesiger Schinken auf dem Tisch. Dazu kommen verschiedene Aufläufe und eingelegte Heringe. Nach dem Dessert, z. B. Reisbrei mit Fruchtsauce, brauchen die meisten erst einmal einen Aquavit ...

Die Kinder warten dann sehnsüchtig darauf, dass sich das „Weihnachtszimmer" öffnet. Nach altem Brauch wird ein Kreis um den Weihnachtsbaum gebildet, man fasst einander an den Händen und umtanzt, Weihnachtslieder singend, den Baum. Danach werden endlich die Geschenke verteilt. Der Abend endet mit Gesellschaftsspielen, mit Kuchen und Naschwerk.

Lutefisk
(gelaugter Dorsch)

Stockfisch (1 kg Stockfisch
ergibt ca. 5 kg Lutefisk)
viel Salz
4-5 EL Ätznatron
(oder Holzasche aus Birkenblättern)

Stockfisch (Dorsch) bis zu einer Woche in kaltem Wasser einweichen. Das Wasser sollte zweimal täglich gewechselt werden. Anschließend kommt der Fisch drei Tage in eine Natronlauge, mit ca. 10 l Wasser. Fisch herausnehmen und nochmal 3-5 Tage in kaltes Wasser legen. Nach dem gründlichen Abspülen ist der Fisch fertig für die weitere Zubereitung. Den Fisch, in Stücke geschnitten, in einen Topf geben, mit Salz bestreuen und warten, bis sich eine Lake gebildet hat. Dann den Topf zudecken und bei mittlerer Hitze aufkochen lassen. Anschließend 10 Minuten ziehen lassen.

Den Backofen auf 200 °C vorheizen. Den Fisch in eine feuerfeste Pfanne legen und wieder mit Salz bestreuen. Anschließend die Pfanne mit Alufolie verschließen und den Fisch 30-40 Minuten im Ofen garen.

Fisch mit zerlassener Butter oder Speck, Kartoffeln und Erbsenpüree servieren.

TIPP: In der „Lutefisk"-Saison von Oktober bis April gibt's den Fisch in Norwegen auch vakuumverpackt und tiefgekühlt zu kaufen.

Weihnachtsrippchen

1–1,6 kg Schweinerippe
Pfeffer | Salz | 200 ml Wasser

Die Schwarte der Schweinerippe rautenförmig einschneiden. 1 bis 2 Tage vor dem Braten mit Salz und Pfeffer einreiben. Dann die Rippe mit 200 ml Wasser in eine Bratpfanne geben und mit Alufolie abgedeckt bei 230 °C für 30 bis 40 Minuten im Backofen garen. Die Folie entfernen und bei 200 °C noch ca. 90 bis 150 Minuten (je nach Dicke der Rippe) weiter braten.
Beilagen sind Fleischklöße, Rotkohl, Sauerkraut, auch Apfelmus, Preiselbeeren und eine kräftige Bratensauce.

Julekake

400 g Weizenmehl | 100 g Zucker
3 TL Backpulver | 1 TL Kardamom
1/2 TL Salz | 3 Eier | 250 ml Milch
100 g zerlassene Butter
100 g Schmalz | 75 g Rosinen
75 g gehackte Sukkade

Alle Zutaten in einer Schüssel gut verrühren. Dann in eine gut gefettete Kastenform geben. Bei 180 °C ca. 1 Stunde backen.

Der Rosinenkuchen gehört in jeder norwegischen Familie als Nachtisch zum Weihnachtsessen.

Österreich

Am 6. Dezember belohnt der Heilige Nikolaus, ein großer hagerer Mann mit Bischofstab und -mantel, begleitet vom Teufel Krampus, brave Kinder mit blank geputztem Schuhwerk mit süßen Geschenken. Unartige Kinder bekommen von Krampus einen Klaps mit der Reisigrute.

So wie die Schuhe wird in der Adventszeit auch die ganze Wohnung geputzt und geschmückt. Dosen füllen sich mit selbst gebackenen Vanillekipferln, Busserln oder Lebkuchen.

Zu den vorweihnachtlichen Bräuchen gehört das Abgeben der Wunschzettel. Sie werden abends ins Fenster gelegt und am Morgen sind sie verschwun-

den – vom Christkind abgeholt. Viele Kinder schicken ihre Wünsche auch an das Postamt des oberösterreichischen Ortes „Christkindl" – denn in Österreich bringt das Christkind die Geschenke: Am Abend des 24. Dezembers liegen sie unter dem wunderschön geschmückten, mit kleinen Naschereien behangenen Christbaum. Die Bescherung findet noch vor dem abendlichen Festmahl statt.

Auch in kulinarischer Hinsicht ist der Heilige Abend in Österreich sehr traditionsreich. Allerdings gibt es zwischen den einzelnen Regionen Österreichs große Unterschiede: So bevorzugen die Wiener Fisch, vor allem Karpfengerichte. In mehr als der Hälfte der Salzburger Haushalte kommt am Hei-

ligen Abend Würstelsuppe mit Erd-
äpfeln auf den Tisch. Geselchtes mit
Sauerkraut ist das Festtagsessen in
Kärnten, während man im Oberösterreichischen gern Bratwurst serviert.
Die Vorarlberger halten sich auch zu
Weihnachten an ihren feinen Käse:
Hier sitzt man gemütlich beim Fondue
oder Raclette zusammen. Wichtig ist
an diesem Familienfest vor allem, dass
selbst gekocht wird. Nach dem Weihnachtsessen besucht man gemeinsam
die Mitternachtsmette (für einige Ös-
terreicher einer der wenigen oder der
einzige Kirchgang des Jahres).

Klassisches Raclette

(für 6 Personen)

1,5 kg vorwiegend festkochende
Kartoffeln | Salz | 1 TL Kümmel
1,2 kg Vorarlberger Raclettekäse
frisch gemahlener Pfeffer
je 1 kleines Glas Cornichons,
Perlzwiebeln und Maiskölbchen
ca. 250 g Bündner Fleisch oder roher
Schinken (in hauchdünnen Scheiben)
wer mag auch Puten- oder Rinder-
filetstreifen
1 Bund Schnittlauch (in Röllchen)
frisches Baguette

Kartoffeln waschen. In einem Topf mit
wenig Wasser, Salz und Kümmel ca.
20 Minuten als Pellkartoffeln garen.
Abgießen und z. B. auf dem heißen

Raclettegerät oder einer Warmhalteplatte warm stellen. Käsescheiben (nach Wunsch entrinden) und restliche Zutaten anrichten.

Käse portionsweise in die Raclettepfännchen geben, im Raclettegerät 3 bis 4 Minuten schmelzen lassen. Kartoffeln pellen, geschmolzenen Käse darüber geben. Pfeffern. Restliche Zutaten dazu essen.

Vanillekipferl
(Abb. S. 67)

280 g Mehl | 200 g Butter
100 g geriebene Mandeln
oder Walnüsse
50 g Zucker | 1 Prise Salz
1 Ei | 1 Pck. Vanillezucker;
Vanille- und Staubzucker

Aus den Zutaten einen Teig kneten, 1 Stunde kalt gestellt rasten lassen. Ofen auf 170 °C vorheizen.

Teig in 6 Teile teilen, zu Rollen (je 1,5 cm Ø) formen. Rollen in kleine Stücke teilen und daraus Kipferl formen. Auf einem mit Backpapier belegten Blech ca. 10 bis 12 Minuten backen.

Kipferl noch heiß mit Vanille-Staub-zucker-Mischung bestreuen.

Polen

Der Heilige Abend gilt als das wichtigste und traditionsreichste Familienfest im katholischen Polen. Die Polen glauben, dass der Ablauf dieses Tages für das gesamte folgende Jahr entscheidend ist. Also legt man viel Wert auf Harmonie. Gemeinsam schmückt die Familie am Morgen des 24. Dezembers den Weihnachtsbaum. Tagsüber wird gefastet, und abends kommen Familie und Freunde zum Weihnachtsessen zusammen.

Das Festmahl beginnt, wenn der erste Stern am Himmel steht. Dazu gehört das Teilen der Weihnachtsoblaten als Zeichen dafür, dass die Familie das Leben miteinander teilen will, eine

Geste der Freundschaft, Liebe, Versöhnung und des Friedens.

Das Weihnachtsessen ist mit vielen Ritualen verbunden. Traditionell wurden früher am Weihnachtsabend in den reicheren Haushalten in Polen zwölf verschiedene Gerichte (nach der Zahl der zwölf Apostel) gereicht. Da der Heiligabend nach katholischem Glauben noch zur Fastenzeit gehört, sind alle Speisen fleischlos. Ein zusätzliches Gedeck kommt für den unerwarteten Gast auf den Tisch. Nach altem Brauch lädt man an diesem Abend oft alleinstehende, einsame Menschen ein.

Der reich gedeckte Esstisch ist oft mit etwas Stroh dekoriert, das an Jesus Geburtsstätte erinnert. Unter die Teller wird ein Geldstück gelegt, in der Hoffnung, dass es im kommenden Jahr vor Armut schützt. Für gewöhnlich wird die polnische Weihnachtstafel mit einer Suppe aus Roter Bete (Borschtsch) eröffnet. Zum Weihnachtsessen gehören außerdem Karpfen in Biersauce, Heringssalat oder gefüllte Heringe, Fisch in Aspik, Piroggen, Krautgerichte, Gemüsesalat, Mohnstriezel und Plätzchen.

Nach dem oft Stunden dauernden Abendessen dürfen die Kinder die Geschenke auspacken. Die bringt in Polen der Weihnachtsmann.

Man sitzt zusammen, oft werden alte Weihnachtslieder gesungen, bis es Zeit ist für die feierliche Mitternachtsmesse.

Polnischer Heringssalat

1 EL Zitronensaft
1 EL Weißweinessig
4 EL saure Sahne
1 EL süße Sahne | weißer Pfeffer
4 Matjesfilets | 150 g Salatgurke
2 Frühlingszwiebeln | 1 Essiggurke
2 Äpfel | 2 EL Walnüsse
2 EL frischer Dill

Dressingzutaten in einer Schüssel verrühren. Gemüse und Obst schälen und klein schneiden. Matjesfilets mit kaltem Wasser abspülen, trockentupfen, in mundgerechte Stücke schneiden, mit allen Zutaten mischen.

Im Kühlschrank ca. 1 Stunde ziehen lassen. Mit Dill und gehackten Nüssen bestreut servieren.

Schlesischer Mohnstriezel

Teig:

30 g Hefe | 100 g Zucker | 1/8 l Milch
500 g Weizenmehl
50 g Margarine | 1 Prise Salz

Füllung:

50 g Rosinen | Rum
250 g Mohn (blau) | 125 g Zucker | 1 Ei
1 Prise Zimt | 1 TL Zitronensaft

Rosinen in Rum einweichen. Mehl in eine hohe Schüssel geben, eine Mulde eindrücken, die zerbröckelte Hefe in der warmen Milch darin anrühren. Hefe-Milch-Gemisch mit dem Mehl vermengen. Schüssel ca. 20 Minuten zugedeckt an den Herdrand stellen.

Margarine leicht erwärmen, mit Salz zum Teig geben. Alles kräftig verkneten. Den Teig nochmals am warmen Ort gehen lassen.

Für die Füllung den Mohn mit kochendem Wasser überbrühen, in einem Sieb abtropfen lassen.

Zucker, Ei, Zitronensaft und Rosinen dazugeben und alles gut verkneten. Den Teig ausrollen und mittig mit der Mohnmasse belegen. Teigseiten wie zu einem Stollen darüber zusammenlegen und den Striezel auf ein gefettetes Blech heben. Bei 150 °C Umluft den Mohnstriezel mindestens eine halbe Stunde backen.

Noch heiß mit einer dicken Schicht Puderzucker bestreuen oder glasieren.

Portugal

Der portugiesische Weihnachtsmann lebt 80 Kilometer von Lissabon in der mittelalterlichen Stadt Óbidos. Alljährlich feiert das dortige Weihnachtsstädtchen „Vila Natal" von Dezember bis Anfang Januar mit nationalen und internationalen Traditionen das Weihnachtsfest zum Zuschauen und Mitmachen.

Es gibt eine Weihnachtsmannausstellung, eine Spielzeugfabrik, eine Schlittschuhbahn, Skipiste, Elfen, Wichtel und Weihnachtsboten zum Anfassen ... Und alles ist überzuckert von (künstlichem) Schnee. Da spüren selbst hartgesottene Festverächter den magischen Weihnachtszauber.

Werbung für die Weihnachtsstadt 2011/ 2012

Beschaulicher geht es in den ländlichen Regionen Portugals zu. In manchen Gegenden ziehen junge Leute mit Akkordeon, Querflöte, Gitarre oder Mandoline von Tür zu Tür und singen Lieder zur Geburt des Jesuskindes.

Höhepunkt ist die Mitternachtsmesse am 24. Dezember, die Menschen legen Brot, Käse oder Früchte als Gaben für das Christuskind vor die Krippe. Vor oder nach der Messe trifft sich die Familie zum Festessen. Es gibt Stockfisch, frische Kürbiskrapfen oder mit Zucker und Zimt bestäubte, gebratene Weißbrotscheiben und süßen Punsch mit Rosinen und Zimt.

Himmelsspeck

500 g Zucker
250 g fein geriebene süße Mandeln
6 Eigelb | 3 Eiweiß
50 g Weizenmehl | 30 g Butter
150 g Puderzucker

Zucker mit 1/4 l Wasser bei schwacher Hitze unter ständigem Rühren schmelzen, bis er kleine Bläschen bildet. Topf oder Kasserolle vom Herd nehmen, die Mandeln hinzufügen, wieder auf das Feuer stellen und etwa fünf Minuten weiter köcheln lassen. Eigelb und Eiweiß schlagen und in die ausgekühlte Zuckermasse rühren. Danach das Mehl vorsichtig unterziehen und den Topf wieder auf das Feuer stellen, bis sich die Masse deutlich verdickt hat.

Den Teig in eine gut gebutterte Kastenform geben und 40 bis 50 Minuten bei 170 °C backen. Abkühlen lassen, vorsichtig aus der Form lösen und dick mit Puderzucker bestreuen.

Kürbiskrapfen
(für ca. 20 Stück)

300 g Hokkaidokürbis
(ungeputzt ca. 400 g)
2 EL Honig | 1 Pck. Vanillezucker
140 g Mehl | Salz | 2 TL Trockenhefe
3 EL Joghurt | Öl zum Frittieren
100 g Zucker | 1 TL Zimtpulver

Kürbiswürfel in einem Dämpfeinsatz über kochendem Wasser 8 bis 10 Minuten dämpfen. Abkühlen lassen und mit einer Gabel fein zerdrücken.

Die Kürbismasse mit Honig, Vanille-zucker, Mehl, 1 Prise Salz, Hefe und Joghurt zu einem klebrigen Teig ver-mengen und zugedeckt 45 Minuten gehen lassen.

In einem Topf 5 cm hoch Öl erhitzen, bis an einem hineingehaltenen Holz-stäbchen Blasen aufsteigen.

Zucker und Zimt vermengen. Mit zwei Esslöffeln vom Teig Nocken abstechen und goldbraun ausbacken. Krapfen aus dem Fett heben, auf Küchenpapier abtropfen lassen und im Zimtzucker wenden.

Russland

Die Weihnachtszeit in Russland ist wohl einmalig auf der Welt –, sie dauert fast 14 Tage – vom 31. Dezember bis zum 13. Januar.

Weil in Russland so viele verschiedene Volksstämme leben, gibt es keine einheitlichen Traditionen zum Weihnachtsfest. Die meisten Menschen Russlands christlichen Glaubens gehören der orthodoxen Kirche an, die den Heiligen Abend erst am 6. Januar feiert – ein Datum, das vom Julianischen Kalender bestimmt und zugleich das Ende der Fastenzeit ist, die 40 Tage vor Weihnachten beginnt. Heute ist der 31. Dezember der wichtigste weltliche Festtag Russlands, an dem in vielen Familien Weihnachten und Silvester zugleich gefeiert wird. Zum sogenannten Jolkafest (Jolka heißt „Neujahrstanne") bekommen die Kinder ihre Geschenke und um Mitternacht wird das neue Jahr begrüßt. Die Jolka, der Weihnachtsbaum, wird erst seit dem Zweiten Weltkrieg auch zuhause aufgestellt.

In Russland reist Väterchen Frost am 31. Dezember auf seinem mit Geschenken beladenen Schlitten vom Nordpol an. Sein Name geht auf die um diese Zeit herrschende klirrende Kälte zurück. Beim Verteilen der Geschenke helfen ihm Snegurotschka – Schneeflöckchen – eine wunderschöne junge Frau mit blondem Zopf, und der Junge „Neujahr".

Das russische Weihnachtsessen ist ähnlich wie in Polen fleischlos, dennoch biegen sich die Tische buchstäblich unter den aufgetafelten Leckereien: Salate, Borschtsch, Soljanka, verschiedene Fischgerichte, Blini, Piroggen und Süßigkeiten.

Als Geste der Gemeinschaft essen alle Familienmitglieder aus einer großen Schüssel „Kutya", eine aus Mandeln, Mohn, Honig und Getreide gekochte Speise. Sie symbolisiert Hoffnung, Glück, Erfolg und Unsterblichkeit.

Backfisch
in saurer Sahne

1 kg Barsch oder Karausche
2 EL Mehl | Salz | 2-3 Zwiebeln
50 g Butter oder Olivenöl
300 ml saure Sahne

Den küchenfertigen, gesalzenen Fisch in Mehl wenden und mit Butter und Zwiebelwürfeln in einer Pfanne von beiden Seiten leicht anbraten. Dann den Fisch in einen Bräter legen, mit saurer Sahne übergießen und 5 Minuten offen im Ofen braten. Dann zudecken und noch 25 bis 30 Minuten weiter braten.

Im Bräter servieren. Dazu schmecken Bratkartoffeln oder Kartoffelpüree.

Litauisches
Honiggebäck

je 200 g Roggen- und Weizenmehl
400 g Honig | 1 EL Wodka
2-3 Gewürznelken | 6 Pfefferkörner
1/2 TL gemahlener Ingwer
1 TL abgeriebene Zitronenschale

Vermengte Mehle in der Pfanne goldbraun rösten, heiß durchsieben, den
heißen Honig dazugeben und schnell
verrühren.
Gestoßene Gewürze und Wodka zufügen. Den Teig kräftig hochschlagen,
1,5 cm dick ausrollen.
Beliebige Formen ausstechen, auf
einem Blech bei ca. 180 °C 2-4 Minuten backen.

Nussplätzchen

(Gogosch)

4 Eigelb | 150 g Butter
100 g Puderzucker
240 g Weizenmehl | 1 Ei
100 g gehackte Walnüsse
Sauerkirschkonfitüre mit ganzen
Früchten

Eigelb, Butter und Zucker verrühren, mit Mehl gut verkneten. Teig 1 cm dick ausrollen, mit einer runden Form Plätzchen von 2,5 cm Ø ausstechen. In die Mitte mit dem Finger eine Vertiefung drücken, mit Ei bestreichen, mit Nüssen bestreuen und bei 180 °C ca. 10 Minuten backen. In die Vertiefungen der fertigen Plätzchen je eine Marmeladen-Kirsche geben.

Schweiz

In der Schweiz wandelte sich das zunächst rein kirchliche Christfest wie im übrigen Europa zu einem Familienfest. Die Bescherung und der Weihnachtsbaum verbreiteten sich in manchen Gebieten sogar erst im 20. Jahrhundert. Durch ihre Mehrsprachigkeit verfügt die Schweiz über eine reiche Überlieferung an Weihnachtsliedern.

Auch in der Schweiz verkürzt den Kindern ein mit Süßigkeiten gefüllter Adventskalender die Wartezeit auf das Christkind oder den Weihnachtsmann, hier je nach Region auch Samichlaus oder Chlaus genannt. In der italienischsprachigen Schweiz lässt die gute Hexe Befana Kinderaugen strahlen.

In der deutsch- und französischsprachigen Schweiz sind noch heute die Chlausbräuche beliebt. Wie z. B. das sogenannte Chlausjagen, ein Brauch, bei dem mit allerlei Lärminstrumenten die Wintergeister vertrieben werden sollen. In verschiedenen Dörfern am Vierwaldstättersee und in Küssnacht am Rigi findet das Chlausjagen am Vorabend des Nikolaustages statt.

Ernährungsfachleute, sogar Ethnologen meinen, dass es in der Schweiz kein klassisches Weihnachtsessen gibt. Dennoch ist es auch hier Tradition, dass sich Familien und Freunde zu einem opulenten Festmahl treffen.

Weihnachtsdekoration in Luzern

Generell spielt Fleisch eine große Rolle, wobei es zu Weihnachten etwas teurer sein darf. Geflügel steht in der französischsprachigen Schweiz ganz oben in der Hitliste. Vor allem Truthahn gilt als *das* Weihnachtsessen, weil er als Sinnbild von Reichhaltigkeit und Überfluss die weihnachtliche Stimmung widerspiegelt. Beliebt ist auch Fondue chinoise, zumal man dabei lange am Tisch sitzen, essen und sich unterhalten kann. In der deutschen Schweiz erleben derzeit Rollschinkli oder Schüfeli (Schweineschulter) im Brotteig ein Comeback.

Im Tessin steht natürlich Panettone, der Weihnachtskuchen schlechthin, auf dem Tisch.

Berner Bärentatzen

250 g Butter | 175 g Zucker | 1 Ei
Mark von 1 Vanilleschote
75 g gemahlene Mandeln
175 g Mehl | 175 g Stärkemehl
Aprikosenmarmelade
125 g Bitterschokoladenkuvertüre

Butter und Zucker schaumig rühren, dann alle übrigen Zutaten unterrühren. Masse in einen Spritzbeutel mit gezackter Tülle füllen und „Tatzen" auf ein gefettetes Backblech spritzen. Ca. 10 bis 15 Minuten bei 200 °C goldgelb backen. Ausgekühlt mit Marmelade bestreichen und zusammenkleben. Jeweils ein Tatzenende mit zerlassener Kuvertüre glasieren.

Basler Brunsli

250 g Zucker
250 g gemahlene Mandeln
1 Prise Zimt | 2 EL Mehl
2 steif geschlagene Eiweiß
100 g Bitterschokolade

Zucker, Mandeln, Zimt und Mehl in einer Schüssel gut mischen. Eiweiß unterziehen. Die Schokolade schmelzen, ebenfalls unterheben. Teig auf ausgestreutem Zucker 5 mm dick auswalzen, mit Formen ausstechen, und auf einem mit Backpapier belegten Blech einige Stunden trocknen lassen.

Den Ofen auf 250 °C vorheizen. Die Brunsli in der Mitte des Ofens 5 Minuten backen.

Schüfeli im Brotteig

(für 6 Personen)

*750 g Halbweißmehl
(Weizenmehl Type 812) | 2 TL Salz
2 TL Lebkuchengewürz
ca. 30 g Hefe, zerbröckelt
2 EL Honig | ca. 500 ml Wasser*

Füllung:

*75 g Speckwürfel | 1 Zwiebel, fein
gehackt | 2 geschälte Äpfel (300 g),
in ca. 3 mm dicke Scheiben geschnitten
3 EL Weißwein | 2 Prisen Salz | Pfeffer
1 Schweineschulter (in der Schweiz
Quick-Schüfeli) à 800 g, kalt abgespült,
trocken getupft*

Mehl, Salz und Lebkuchengewürz mit
Hefe mischen. Honig und Wasser zu-

fügen. Alles zu einem weichen, glatten Teig kneten. Zugedeckt bei Raumtemperatur ca. 1 Stunde aufs Doppelte aufgehen lassen.

Speck in einer Pfanne ohne Fett anbraten. Zwiebel ca. 3 Minuten mitbraten. Apfelstücke zugeben, kurz weiterbraten. Wein dazugeben, vollständig einköcheln, Füllung würzen, abkühlen. Teig auf leicht bemehlter Arbeitsfläche zu einer Kugel formen, mit einem Messer ein Kreuz einschneiden. Die Ecken nach außen klappen, leicht bemehlen, auswalzen.

Füllung in der Mitte verteilen, das Fleisch darauflegen. Ausgerollte Teigteile mit Wasser bestreichen, locker über das Fleisch legen, seitliche Ränder zusammendrücken. Mit wenig

Mehl bestäubt auf ein mit Backpapier belegtes Blech legen, Teigoberfläche einritzen. Ofen auf 200 °C vorheizen. Brot auf der untersten Schiene ca. 1 Stunde backen. Herausnehmen, kurz rasten lassen.

Teigdeckel ringsum aufschneiden, abheben. Schüfeli herausnehmen, in Scheiben schneiden, in das Brot zurücklegen.

Beliebte Beilagen sind Kartoffelsalat, Rösti, dicke Bohnen oder Sauerkraut.

Spanien

Die Vorweihnachtszeit in Spanien ist vom Warten auf „el gordo" – den „Dicken" – geprägt. Damit ist nicht etwa der Weihnachtsmann gemeint, sondern der Hauptgewinn in der spanischen Weihnachtslotterie, der jährlich am 22. Dezember ausgelost wird. Doch auch ohne Lottogewinn wird am 24. Dezember Weihnachten gefeiert. Weihnachten ist in Spanien ein sehr fröhliches Fest. Die Spanier haben nur einen offiziellen Feiertag am 25. Dezember. So trifft sich die Familie am Heiligen Abend zu einem ausgiebigen Abendmahl, geht danach gemeinsam zur „Messe vor dem Krähen des Hahns", die oft mit Kerzenprozessionen, Feuern und Weihnachtsspielen verbunden ist. Danach wird auf den Straßen bis in die frühen Morgenstunden gefeiert, getanzt und musiziert. Weihnachtsmann und Christkind sind ebenso wie Adventskränze oder Adventskalender in Spanien weitestgehend unbekannt, auch das gegenseitige Beschenken unter Erwachsenen ist eher unüblich. Nur die Kinder bekommen am Heiligen Abend kleine Gaben. Auf die „richtige Bescherung" müssen sie aber noch etwas warten: Geschenke bringen nämlich traditionell die Heiligen Drei Könige am 6. Januar, die laut Überlieferung an diesem Tag zur Krippe in Bethlehem kamen. Deshalb stellen die spanischen

Obstmarkt zur Weihnachtszeit, Barcelona

Kinder am Abend des 5. Januar Heu und Wasser (neben ihre Schuhe) für die Kamele der Drei Weisen vor die Tür, und werden am nächsten Morgen mit Geschenken und bisweilen von königlich verkleideten Eltern geweckt. Vereinzelt schließt man sich in Spanien heute schon den Gebräuchen der restlichen westlichen Welt an und beschenkt seine Kinder bereits am Heiligen Abend – damit sie in den Schulferien schon mit den Geschenken spielen können …

Am Essen wird nicht gespart. Zu einem spanischen Weihnachtsmenü gehören vor allem Fisch, Meeresfrüchte, aber auch Geflügel und Fleisch. Und natürlich jede Menge süßer Köstlichkeiten wie Polvorones, Turrón und Marzipan.

Turrón

(Mandelnougat)

650 g ungeschälte Mandeln
400 g Puderzucker
100 g flüssiger Honig | 3 Eiweiß

Mandeln nach 2-3 Minuten in kochendem Wasser abschrecken, die Haut ablösen und zum Trocknen auf Küchenpapier legen. Mandeln in einer trockenen Pfanne oder im Backofen bei ca. 200 °C goldgelb rösten. Die 20-30 schönsten Mandeln beiseite legen. Nun die gerösteten Mandeln mahlen. Traditionell werden diese in einem Mörser zerkleinert.

Den Honig im Wasserbad erwärmen, bis er flüssig ist. Zucker, Honig und die ganzen Mandeln zu den gemahlenen

Mandeln geben und gut verrühren. Das steif geschlagene Eiweiß unterrühren. Die Masse dann fingerdick auf ein geöltes Backpapier streichen oder auf Backoblaten geben. An einem kühlen Ort (nicht Kühlschrank) etwa 10 Tage trocknen lassen.

TIPP: Die Mandeln zu enthäuten ist sehr zeitaufwändig. Am besten bereits geschälte Mandeln verwenden.

Ein Spanier verspeist zu Weihnachten bis zu 1/2 kg Turrón. Die Delikatesse aus Mandeln und Honig wurde einst von den Mauren nach Spanien eingeführt.

USA

In den Vereinigten Staaten wurde Weihnachten erst ab dem 19. Jahrhundert zunehmend beliebter. Man übernahm viele Traditionen der aus der ganzen Welt stammenden Einwanderer. Heute ist Christmas (oder nur X-Mas) in den USA um vieles bunter als in anderen Ländern. In einigen Gegenden erstrahlen schon ab Oktober viele Privathäuser im Glanz von Lichterketten, in den Vorgärten werden ganze Krippenszenen aufgebaut, die Wohnräume in den Weihnachtsfarben grün-weiß-rot dekoriert.

Ein schöner Vorweihnachtsbrauch in den ländlichen Regionen heißt Christmas Tree Hunt. Familie, Freunde

oder Kollegen treffen sich an einem verschneiten Wochenende, um einen Weihnachtsbaum in freier Natur zu fällen. Danach sitzt man gemütlich bei Cookies, warmem Punsch und leckerem Essen zusammen.

Den Auftakt zum Weihnachtsfest bildet am Heiligen Abend für viele Familien die Mitternachtsmesse. Die Kinder hängen vorm Schlafengehen am 24. Dezember Strümpfe an den Kamin (oder das Treppengeländer) und stellen für Santa Claus eine Tasse warme Milch und Zuckerstücke für die Rentiere bereit. Denn in der Nacht reist Santa Claus in seinem von Rentieren gezogenen Schlitten an. Er gelangt durch den Kamin ins Haus, um die „Strümpfe" mit Gaben zu füllen, wobei es sein Geheimnis bleibt, wie er mit dem dicken Bauch da durchpasst …

Das Christmas Dinner am ersten Feiertag unterscheidet sich nur wenig vom traditionellen Thanksgiving-Dinner. In der Regel wird ein großer Truthahn serviert. Dazu auch einige Spezialitäten, die aus Europa stammen, wie die französische Bûche de Noël oder würziger Punsch.

Der Süden der USA feiert mit lautem Feuerwerk. Der Brauch stammt aus der Zeit der ersten Siedler, die mit dem Lärm weit entfernte „Nachbarn" zu Weihnachten grüßen und gleichzeitig böse Geister vertreiben wollten.

Truthahn
mit Maronenfüllung

(für 4-5 Portionen)

1 Truthahn ca. 2 kg
(küchenfertig mit Leber)
200 g Butter | 1/8 l Wasser
Salz | Pfeffer

Füllung:

500 g Edelkastanien | 100 g Butter
3 Eier | die Truthahnleber, fein gehackt
1/2 Zwiebel, sehr fein gehackt
Salz | Pfeffer

Die Edelkastanien im Wasser weich kochen, schälen und durch ein Sieb streichen.

Die Butter schaumig rühren, dann Eier, Leber und Gewürze dazugeben und mit

den passierten Kastanien vermischen, mit Salz und Pfeffer abschmecken.

Den ausgenommenen Truthahn waschen und innen und außen mit Butter, Salz und Pfeffer einreiben. Dann mit der Kastanienmischung füllen. Die Beine zusammenbinden und die Öffnung zunähen.

Die Butter in einer Bratform erhitzen. Den Truthahn mit der Brust nach unten in die heiße Butter legen und mit 1/8 l kochendem Wasser übergießen. Dann ca. 2 bis 2 ½ Stunden (je kg rechnet man 45-60 Minuten) im vorgeheizten Backofen bei 180 °C braten. Nach der Hälfte der Bratzeit den Truthahn auf den Rücken legen, damit er rundum braun wird. Während der Bratzeit öfter mit dem Saft begießen.

Chocolate Cookies
(ca. 50 Stück à 7 cm)

225 g weiche Butter
300 g brauner Rohrzucker
(fein gemahlen)
2 Eier | Mark von 2 Vanilleschoten
250 g Mehl
60 g Kakaopulver
1/2 TL Natron | 1 Prise Salz
225 g Schokostreusel
60 g gehackte Nüsse

Butter mit Eiern, Vanillemark und Zucker schaumig schlagen. Kakaopulver, Mehl, Salz und Natron mischen und mit der Buttermasse verrühren. Schokostreusel und Nüsse unterkneten. Teig mindestens 1 Stunde kühlen, damit er fest wird.

Backofen auf 175 °C vorheizen. Aus dem Teig walnussgroße Kugeln formen, etwas platt drücken und auf das mit Backpapier ausgelegte Backblech legen. Darauf achten, dass genügend Platz dazwischen ist, da die Cookies ziemlich breit laufen. 11 bis 12 Minuten backen. Danach auf dem Backblech erkalten lassen, damit die warmen, noch sehr weichen Cookies nicht zerbrechen.

Rezeptverzeichnis

Bildnachweis

Karsten Schmidt: Titel
Fotolia.com (Horst Schmidt: S. 13,
Silvana Comugnero: S. 21, 113, Szakaly:
S. 25, Bart Kwieciszewski: S. 29, Taiga:
S. 33, Ekaterina Pokrovsky: S. 37, Aga-
tha Lemon: S. 41, Maurizio Targhetta:
S. 45, WMP: S. 51, Claireliot: S. 55, John
Sandoy: S. 59, AKO: S. 63, Sabine Nau-
mann: S. 67, Lognetic: S. 71, Teressa:
S. 75, 81, fnalphfotos.com: S. 87, TEA:
S. 91, Natalia Larina: S. 95, ferrervideo:
S. 99, sumnersgraphicsinc: S. 103, Cur-
ved_horizon: S. 109, grafiicx: S. 115),
The Food Professionals (HENGLEIN:
S. 17, Meßmer Tee: S. 2), Verlagsarchiv
(S. 119, 124)

Aus dem lieferbaren
Mini-Angebot

(Auswahl)

Natur & Gesundes

Aloe vera • Alte Gemüsesorten • Amaranth &
andere Vitalkörner • Apfelbüchlein • Aronia
Backen einmal anders • Bauernweisheiten
durchs Jahr • Blüten für Genießer
Brennnessel • Essen von der Wiese
Essbares von Bäumen & Sträuchern
Gesundes Kraut • Heilkräuterbüchlein
Herbe Beeren • Hildegard von Bingen
Holunder-Rezepte • Honig • Ingwer
Kleine Kräuterapotheke • Küchenkräutergarten
Kürbisbüchlein • Mohn • Multitalent Zwiebel
Mythos Ginkgo (auch engl.)
Neues Katzenbüchlein • Noch mehr Essen
von der Wiese • Powerfood • Quinoa • Salbei
Salz • Sanddorn-Rezepte • Tomatenbüchlein
Vegane Küche • Weizengras, Sprossen & Co.

Essen & Trinken

Alles gewickelt & gerollt • Backen & Naschen
Bento – Genuss „to go" • Berlin kulinarisch
Brot backen • Die Küche der 100-Jährigen
Dinkelgebäck • Essen wie im Mittelalter
Filinchen • Fingerfood • Fisch-Kochbuch
Gewürze • Grillen exotisch • Kaffeevergnügen
Kochbüchlein Schweiz • Lauter scharfe Sachen

BuchVerlag für die Frau
Gerichtsweg 28 • 04103 Leipzig
www.buchverlag-fuer-die-frau.de
info@buchverlag-fuer-die-frau.de